Hiroshige, 119 éclats d'Edo

Couverture : *dessins de Mireille Rudelle*

Jacques Ibanès
poèmes
Catherine Hilaire
haïkus
Mireille Rudelle
dessins

HIROSHIGE
119 éclats d'Edo

éditions Germes de barbarie

Dans le sillage d'Hiroshige

Utagawa Hiroshige, grand maître de l'estampe japonaise du milieu du XIXème siècle sut restituer magistralement en 119 vues, la vie quotidienne, fugace et illusoire, de sa cité d' Edo sur laquelle veille le mont Fuji.

Ponts, rivières, canaux et cascades, palais et pagodes, fabriques et magasins, sanctuaires et jardins forment le décor dans lequel se meuvent tout au long des quatre saisons travailleurs et promeneurs, élégantes et prostituées, enfants et vieillards, innombrable gent ailée dans le ciel et masses grouillantes de poissons sous l'eau.

Durant deux années, nous avons mis nos pas dans ceux de l'artiste. Nous avons participé avec passion aux fêtes, processions et prières et vécu ce précieux quotidien dont Hiroshige nous montra combien chacun en était le dépositaire et le témoin.

Jacques Ibanès

D'estampe en haïku

Si la nature reste l'espace privilégié du haïku, élargi au périmètre urbain avec l'évolution de la civilisation, l'instant, le quotidien, les saisons cristallisent ses temporalités. Ces référents suffisent à alimenter *le je-ne-sais-quoi* et *le presque-rien* qui font la substance de ces tercets magiques.

Pourtant, lorsque m'a été demandé d'illustrer par des haïkus les *Cent vues d'Edo* d'Hiroshige, j'y ai vu, au-delà du défi, un exercice de recréation motivant : et si, en un phénomène de mise en abyme, une interprétation fécondait une nouvelle création favorisée par le jeu d'écho entre une représentation nipponne et un regard occidental ?

Bien sûr l'estampe, qu'elle soit elliptique ou bavarde, se suffit à elle-même, de même que le haïku ne demande pas à être illustré, mais accompagner une estampe d'un poème, d'une seconde image ou d'un haïku, n'est-ce pas amplifier sa respiration en élargissant son espace, en enrichissant son message ?

C'est dans cet esprit que je me suis piquée à ce jeu musical des variations transposé dans le champ de l'écrit.

Catherine Hilaire

Entre-deux

Jacques et Catherine m'invitaient à partager leur voyage : *les cent vues d'Edo* d'Hiroshige, un recueil d'estampes singulières aux teintes subtiles issues de xylogravures précises. Ma contribution serait de proposer une déclinaison visuelle en noir et blanc de ses 119 œuvres.

Une gageure. Revisiter aujourd'hui les créations du maître japonais qui a rendu hommage à sa ville natale et inspiré les courants impressionnistes et néo-impressionnistes occidentaux... Vincent Van Gogh a magnifiquement copié les estampes 30 et 58.

La question de l'entre-deux se présentait : comment établir un pont entre deux cultures, deux époques, deux techniques d'écriture ? « Peindre c'est d'abord observer » m'avait appris mon maître. Devant l'ampleur du projet, une immersion totale s'imposait dans l'univers des vues d'Edo.

J'ai alors fait le choix d'utiliser un mélange de noir d'ivoire et de noir de bougie, appliqué sur un carton aquarelle épais découpé en carrés de 10 x 10 centimètres. Pour différencier les éléments de valeurs chromatiques identiques, j'ai emprunté le style fukibokashi en plusieurs couches de pigments successives, ou procédé à des effets graphiques variés.

J'ai accompli l'exercice autant de fois que d'estampes, en tentant de ne pas trahir la beauté des œuvres d'Hiroshige, et dans la joie de partager les regards poétiques de mes deux amis.

Mireille Rudelle

119 éclats d'Edo

1

DÉCOR IMMUABLE

À tout seigneur tout honneur :
d'abord
le mont Fuji qui trône immortel.

Plus bas le palais des dynastes
qui passent.
Puis le pont de l'Éternité.

Au-dessous les barques sages
et les maisons près du rivage.
Enfin la foule des badauds.

Ainsi commence la description d' Edo
conçue par maître Hiroshige
en l'an cinquante-six.

Le pont du Japon
relié au mont Fuji
par la neige seule

2

NOUVEL AN

Au moment des fêtes du Nouvel An
les banderoles instillent la joie dans le ciel
les danseurs défilent avec solennité
suivent les samouraïs.

Pour le Nouvel An
cerfs-volants, grands pins de seuil
et passants heureux

3

LE JEU DE RAQUETTES

D'une raquette à l'autre
le volant virevolte
comme une amoureuse hésitant
entre deux amants.

Dragons et carpes Koï
s'amusent dans les airs
sous le regard des pins
dans le quartier de Yamashita-cho.

Cerfs-volants au ciel
raquettes et rameaux
vive l'An Nouveau !

4

AU CLAIR DE LUNE

Près du pont de l'Éternité
la lune veille
les bateaux vont appareiller
et les pêcheurs ont allumé leurs torches.

Ils partiront au cœur de la nuit
chercher des poissons blancs
qui ne savent pas encore
ce qui les attend.

Poissons blancs trompés
au Pont de l'Éternité
pour un shogun gras

5

PHÉNIX

De l'incendie qui détruisit Edo
naquit le temple d'Ekoin
avec la bienveillance de Bouddha.

Au loin Fuji est le dernier témoin
du désastre d'Edo
et des premiers combats de sumo.

Pêche là-bas
concours de sumo ici
impassible Fuji

6

REPOS ET TRAVAIL

Les toiles
des teinturiers
disposées en hamac pour sécher
se prélassent
sur le champ équestre
en compagnie de trois chiens au repos.

Sur la place seuls les ouvriers
sont au travail
infortunés humains !

Pour le teinturier
ses toiles à sécher
avant le patrimoine

7

ENVOL DE LIBELLULES

Les marchands de tissu
du quartier des chevaux de poste
en sont éblouis :
deux geishas suivies de leur servante
vont entrer dans leur boutique.

À chacun de leurs pas surgit
de leurs kimonos un vol de libellules
sur fond gris découvrant
des dessous pourpre.
Pourpre devient aussi le visage
des commerçants
subjugués par tant de beauté.

Venue des geishas
dans le gris-bleu de la rue
du rouge, enfin

8

LA RUE SURUGA-CHO

Le mont Fuji est en suspens
vautré dans son lit de brume
au dessus de la rue des textiles
qui s'envole vers le mont Fuji.
Elle emporte avec elle
la foule des promeneurs
des porteurs des camelots
elle s'en va vers les nuages.
Elle charrie les rêves des femmes
la cupidité des marchands
les cris des enfants
les douleurs des vieillards.
Le peintre a saisi tout cela avec
les espérances et les regrets
et les remords et les rancunes
de ces pauvres humains
destinés à l'oubli
à ce moment précis de l'envol.

Le sage Fuji
bien protégé des marchands
par un blanc brouillard

LA RUE COUPE-FEU

Aussi vaste qu'un hippodrome
la rue Yatsukoji est une rue-rempart
pour conjurer le feu qui tant de fois
a bondi sur Edo comme un tigre.

Elle est aussi la rue-jardin
avec sa rivière qui sinue
près du temple pomponné de pins.

Elle est la rue-parade
les jours de liesse
quand les seigneurs se prennent
pour des dieux.

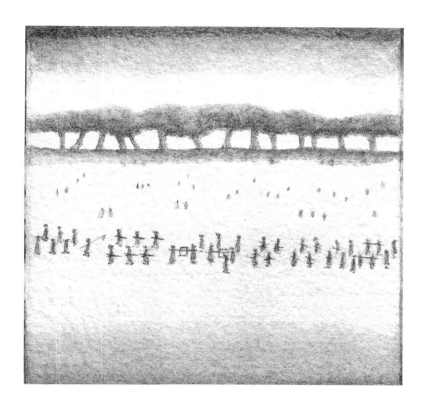

Rue des Huit chemins
passage d'un palanquin
sous l'œil des badauds

10

LA PROSPÉRITÉ

Les dieux sont
partout
mais pour la
prospérité
mieux vaut aller
prier
au sanctuaire Kanda Myōjin,
un promontoire sur l'océan
des toits.
En montant jusque là déjà
tu t'enrichiras !

Avant Monet
impression soleil levant
au pays bien nommé

LE BONHEUR EST LÀ

De la terrasse on voit le lac
où se reflètent les pins.

Le ciel joue avec les couleurs
de l'indigo profond du ciel
au jaune du poussin.

Les cerisiers fleuris
saluent les flâneurs.

Le bonheur est là.

Au parc d'Ueno
force et fragilité
en vert et rose

12

VOL DE CORBEAUX

Quelles calligraphies
tracent les corbeaux
au-dessus du temple ?

Ils célèbrent la beauté des ombrelles
des dames de la haute société
ouvertes comme des fleurs.

Ils tressent la louange du restaurant Iseya
qui sert du shisomeshi
aux gens du peuple.

Ils saluent maître Hiroshige
dont la signature figure sur une estampe
qu'il ne verra jamais.

Dans la rue, la vie
et sur l'aile des corbeaux
l'âme des défunts ?

13

SÉISME DANS LA RUE LARGE

La terre avait tremblé et tout détruit
mais après la désolation la vie revient
et la rue Large a retrouvé son éclat.

Les élégantes se pressent
devant le magasin de tissus Matsuzakaya
et quand la soie d'un kimono te frôle
alors le séisme est en toi !

Dans la rue marchande
samouraïs, femmes à ombrelles
guerre et paix se frôlent

14

LE JARDIN

Le jardin nous accueillait
t'en souviens-tu
les arbres étaient dans le secret.

Parc de Nippori
cèdres, azalées, sakura
jardin des délices

15

LE TEMPLE

Se rendre au temple Suwa Myogin
prendre le thé dans ses jardins
en admirant le mont à deux têtes
quand fleurissent les cerisiers :
joie fugace de la vie
à savourer.

Sous les sakura
prendre le thé en famille
le Tsukuba au loin

16

PRINTEMPS

éjaculation
des cerisiers dans le parc
la joie du printemps

Le temple sacré
sans les cerisiers en fleurs
que serait-il ?

17

DANS LE PARC

Dans le parc au bord de la rizière
nous avons étendu notre couverture
à l'ombre d'un pin.

Ce n'étaient que conversations et rires
je me souviens de ce moment-là
quand tous ceux que j'aimais étaient
autour de moi.

Boire un bol de thé
sous les cerisiers en fleurs
la clef du bonheur ?

18

LE MIRACLE

Un dieu veille sur nous
chaque année le miracle s'accomplit
pour nous donner du riz
pour nous donner la vie.

Allons au temple
apporter notre offrande :
de l'alcool
du tofu
et des vœux de prospérité.

Un temple, un de plus
pour le vaillant pèlerin
un espoir de plus

19

LA CASCADE

Faire fi de son corps
pour prendre un bain glacé
sous la cascade assourdissante.

Après quoi affronter
ses semblables dans les pires
quartiers d'Edo.

Tout bouddha qu'il est
le bouddha des bouddhas
s'est-il baigné là ?

20

MOUVEMENT ET IMMOBILITÉ

Les radeaux chargés de bois
passent sur le fleuve
jamais en arrêt.

Le saule impassible
s'incline face au temple
du Bouddha secret.

Sur le fleuve sauvage
sous l'œil du bouddha secret
le peuple de l'eau

21

SUR LE MONT ATAGO

Le vieil homme a gravi les 68 marches
qui mènent au sommet du mont Atago.
Il a revêtu son manteau de cérémonie
et mis son collier d'algues qu'il partagera
tout à l'heure
car c'est un bon remède pour le corps.

Le mont est de faible élévation.
De son sommet on entend claquer
les voiles des voiliers
les cerfs-volants
et les oriflammes.
Les tuiles des maisons
sont des vagues grises
et les vagues de la mer font un toit.

Le vieil homme parle de l'âme
enclose en chacun de nous
qui ne demande qu'à s'élever un peu plus.

Ni faim ni misère
au sanctuaire d'Atago
richesse et santé

L'ANGUILLE

La rivière se contorsionne
comme une anguille
et quand nous franchissons
le pont de bois
nos papilles frémissent
à l'idée du bon repas
que nous prendrons
à l'auberge du Renard
où dans sa sauce, l'anguille
serpente comme une rivière.

Anguilles et goupil
comme un Roman de Renart
sauce japonaise

23

L'ÉTANG

Par degrés sa vie dévala
jusqu'au bord de l'étang
à tout engloutir

La Tamagawa
réunira les amants
pour l'éternité

24

PETIT FUJI

Pour se rapprocher des dieux
et calmer les colères du mont-volcan
un seigneur lui offrit un enfant.

Et cerisiers fleurir
prés reverdir
rivière fluer
avec une nouvelle vigueur
à chaque printemps.

Trop haut le Fuji
pour ne point devenir fou
un fujizuka

25

INSTANT RAVI

Prendre le thé entre amis
entouré par la beauté :
un moment d'éternité
un instant ravi.

À la barbe du grand Fuji
pour vieux pèlerins
un fujizuka

DÉSIR DE VOYAGE

Sur la colline aux Huit vues
un maître-pin commande la baie d'Edo
tu peux bien sûr t'y reposer
un verre de saké à la main.

Moi, je n'ai d'yeux que pour la caravane
des voyageurs qui s'étire en bas
le long de la route de mer.

Ils vont vers l'ailleurs
tandis que nous demeurons
dans notre prison dorée.

Côte des huit vues
sur la route du Tokaido
où porter son regard ?

27

À LA PRUNERAIE

Arrivera le dernier printemps
on ne sait quand.

Allons revoir la pruneraie
où les arbres en fleurs
se détachent dans une aurore de braise.

Dans le verger des stèles de pierre
ont été martelées jadis
et la présence des divinités
est palpable.

Le sol où l'on reposera
est doux sous les pas.

Que n'ai-je un pinceau
pour peindre les fleurs de pruniers
avec leur parfum !

LES CERISIERS

Parti en fumée
le palais du shogun.

Refermées
les cicatrices de la colline.

Consumées les existences
de ceux qui nous ont précédés.

Dépêchons-nous d'aller saluer
les cerisiers

La carrière de pierres
des cerisiers en fleurs
prendra-t-elle pitié ?

LA ROSELIÈRE

Toutes les couleurs sont dans le ciel
au loin le vent souffle dans les voiles
la barque glisse dans la roselière
les promeneurs se meuvent
parmi les pins et les cerisiers en fleur.

De la butte qui domine le sanctuaire
je saisis ce moment d'éternité.

Les roselières
de la grande baie d'Edo
aujourd'hui en ville

30

DANS LE PARC DE KAMEIDO

Seul l'artiste voit
les griffures des pruniers
de Kameido
les passants indifférents
ils ont tous le dos tourné.

Vieux prunier en fleurs
d'Hiroshige à Van Gogh
à jamais en nous

COUP DE FOUDRE À AZUMA NO MORI

Éphémère
le coup de foudre
dans le ciel.

Permanent
le chemin
en zig-zag.

Au pied du camphrier jumeau
les amoureux iront puiser la joie
d'associer leurs différences.

Qui reconnaîtra
en ce double camphrier
deux cœurs réunis ?

32

SUR L'ÎLE AUX SAULES

Sur l'île aux saules
à chacun sa dévotion.

Les uns vont prier avec les moines
d'autre rendent grâce à la vie
dans un bon restaurant.

Heureux sont les parents
qui peuvent voir le mont Tsukuba
avec leurs enfants et petits-enfants
tout en dégustant une soupe miso.

Cela arriva une seule fois
dans notre famille disait le père
et il avait ajouté que c'était
le bon temps.

L'Île aux saules
nourrit le corps et l'esprit
du pèlerin

33

LA COULEUVRE

Quand les haleurs se croiseront
sur le chemin poudreux
du canal-couleuvre
à l'eau si bleue
qui passera dessous la corde
le plus jeune ou le plus vieux ?

D'un canal tout droit
faire naître une anguille bleue
pouvoir de l'artiste !

FEMME DANS LE PAYSAGE

Tu roules en toi
les eaux primordiales
femme qui éclaire
l'obscur de nos vies.

Geisha en chemin
vers le quartier des plaisirs
pour qui les plaisirs ?

35

MOUVEMENT DANS LE CALME
D'UNE JOURNÉE DE PRINTEMPS

l'arbre refleuri
la rivière infatigable
les bateaux qui moissonnent
le mont souriant dans son lit de brumes
les amis cheminant
tout est mouvement dans la vie.

L'artiste le clame :
elles sont l'âme du Japon
les fleurs de cerisiers

36

LE POÈME

Comme volée d'oiseaux
saisie
dans l'éternité de l'instant

à la lecture
du poème réussi
nous retenons notre
respiration.

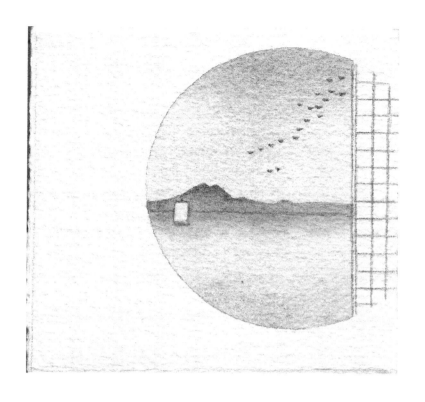

Pour toucher le divin
camélia ou sakura
peu importe la fleur

37

MOUETTES SUR LA RIVIÈRE

Homme industrieux
qui jugule les forêts
transforme la matière
bâtit des villes
court dans tous les sens
sans trouver la quiétude

regarde les mouettes
posées sur la rivière.

Face au sanctuaire
la fumée comme un message
des hommes au travail

GRISAILLE

Plaisirs tarifés
plaisirs enfermés
dans la grisaille du quartier
gris le sexe des femmes
grises les fleurs de cerisier.

Les courtisanes
ouvrières du plaisir
l'aube les libère

APRÈS LE TRAVAIL

Il se disait guerrier comme un dragon
mais Keiko dans son lit
l'a vaincu promptement
avec quelques savantes passes.

Au frais du matin dans sa barque
elle jouit de son triomphe
épanouie comme le mont Fuji

qui lui sourit.

Pour la geisha
plaisirs comme sakuras
ne durent qu'un temps

SALUTATION À BASHO

Le poète Basho est dans tous les cœurs.

Dans sa ville
sur la colline aux camélias
on lui a construit une petite maison.

Ici sur le Quiersboutou
le vent vert et brumeux qui venait de la mer
s'est reposé un instant.

Juste le temps de lever mon verre
en l'honneur de Basho.

Quel ermitage ?
Pour penser à Basho
seuls ses haïkus

41

CULTE ET PLAISIRS
AVEC PASSAGE D'OISEAUX

Un sanctuaire sur la colline
au milieu des arbres
voici pour l'âme.

Des maisons de plaisir
avec des magasins au bas de la ville
voilà pour le déduit.

Les oiseaux hachurent le ciel
moment exquis.

Pour sauver les hommes
au-dessus des magasins
un sanctuaire

42

AU PRINTEMPS

Les femmes en fleurs
attendent les riches clients
qui ouvriront leurs kimonos rouges
où sont tapis des fruits savoureux.

Pendant qu'ils s'en délecteront
le regard des geishas voyagera
de l'autre côté de la rivière
où des promeneurs rendent grâce
au printemps
sous les cerisiers.

Cerisiers en fleurs
suffit de lever les yeux
pour cueillir l'extase

43

KILOMÈTRE ZÉRO

Premier jour d'été
au kilomètre zéro
le soleil arrive.

Sans les ponts
d'Edo ou du Japon
que serait l'autre rive ?

LE MARCHÉ

Rien de plus allègre
qu'un jour de marché
quand les danseurs s'envolent
au son du shamisen
et que le livreur de nouilles
se joint au mouvement
à demi nu
dans un ballet d'ombrelles.

Dans la rue marchande
ombrelles et chapeaux
rajoutent du soleil

MOUVEMENT ET IMMOBILITÉ

Pleure le saule.

Sous leurs ombrelles
deux femmes regardent
fuser les oiseaux qui crient.

Les barques glissent
les ponts s'écartent.

Au loin la bienveillance du Fuji

Huit ponts au total
de quoi perdre les enfants
et faire pleurer un saule

46

ATTENTE

Quand verra-t-elle apparaître
le visage aimé ?
Elle attend sur le quai
immobile comme une statue.
Elle a mis son plus beau kimono
et ouvert son ombrelle pour qu'il la voie.

Autour d'elle quel charroi
pépiez les oiseaux
clapotez les flots
et toi cours vite la retrouver.

Sur les quais fébriles
il suffit d'un kimono
pour tout changer

PLUIE

Petite pluie
cingle de tes gouttes acérées
la peau des collines
et la soie des rivières
cingle les manteaux de paille
des transporteurs de bois
cingle les chapeaux des dévots
qui se rendent au pavillon sacré
cingle la colonne d'oiseaux
qui fuse à l'horizon.

Moi je reste à l'abri.

L'automne arrivant
les jambes de la pluie
portent bas résille

48

CARPES DANS LE CIEL

C'est la fête des garçons
tout est en bon ordre :

joie des carpes
qui voltigent dans le ciel

fantaisie des bannières
dans les transes du vent

sérieux des samouraïs
en marche sur le pont

bienveillance du Fuji
au cratère enneigé.

Au mont Fuji
oser voler la vedette
hardies carpes koï !

LA CASCADE

La cascade est aussi sacrée
que la colonne d'un temple.

Le bain glace le corps
et réveille l'esprit.

La promenade donne l'illusion
que la journée ne s'achèvera pas.

Un thé bien chaud est sans doute
la meilleure des conclusions au poème.

La jeune femme nue
sous la cascade magique
où est-elle ce jour ?

AU BORD DE L'ÉTANG

Se promener avec l'aimée
au bord de l'étang
est une joie d'été.

Les dieux veillent sur nous
les ancêtres sont en nous.

C'est ainsi que la vie
a du sens.

Hier un paradis
aujourd'hui une mégapole
où sont les dieux ?

51

RITUEL

la procession est en marche
pour la fête de Sanno
où tout n'est que féerie
ferveur et fantasmagorie :
plumes du coq, singe flottant et
au bord du lac des chapeaux
comme des champignons.

Que vaudrait la vie
sans tambours ni palanquins
pour garder espoir ?

52

CITHARE

Jouer de la cithare
en l'honneur des paulownias
au bord de l'étang
pour remercier l'arbre
d'avoir permis ce prodige.

Le paulownia,
cithares et pieds de geishas
chantent en son bois

LE TEMPLE ET LA TOUR

Vénérer Bouddha
dans son plus beau temple :
un bienfait pour l'âme.

Et pour le corps,
il y a la tour de guet
qui lui fait face.

Promenons-nous
en toute tranquillité
la vie est bonne.

Pour atteindre le ciel
à la pagode du temple
cinq étages suffisent

LA FONTAINE

Humble humain te voilà
devant le château.
Oserais-tu entrer ?

Non, c'est simplement le chemin
le plus court qui te mène
à la fontaine aux cerisiers

Douve défensive
fontaine aux cerisiers
pouvoir et poésie

55

LA FÊTE DES PÊCHEURS

Lanterne et bannière
c'est la fête de l'été
les bateaux à l'ancre
le phénix ailes déployées.

Les pêcheurs implorent
la déesse Sumiyoshi
les poissons pour l'heure
ne seront pas pêchés.

Bannière calligraphiée
écrite par les hommes
dictée par les dieux

L'ESPOIR DE LA TORTUE

La tortue qui vit si longtemps
est suspendue sur le pont des 10 000 ans.

Qui l'achètera lui rendra sa liberté.
Générosité ? Non !
amélioration du karma...

Et gloire au mont Fuji qui lui ne mourra pas.

Tortue achetée,
tortue relâchée :
karma augmenté

FUJI FLOTTANT

Dans son lit
de brumes
roses
au-dessus
de l'île aux roseaux
Fuji flotte
comme un
bateau.

L'île Nakazu
Hiroshige nous le dit
si belle sous la neige

58

AVERSE SURPRISE

Au cours de cet été torride
chacun réclamait la pluie.
La voici tout à coup
qui en rangs serrés cingle les passants.
Mon amie Kyoki
qui tant aime la pluie
pousse des cris de joie
bien à l'abri dans sa maison.
Ce soir ses arbres seront repus.

La pluie mal aimée
d'Hiroshige à Van Gogh
enfin reconnue

ÉLOGE DU GRAND PONT

Les forêts tendent le ciel
et de leurs fûts on fit des ponts
arcs cintrés entre deux rives.

Il faut avoir été longtemps piéton
aspirant à l'ailleurs
pour rendre grâce
à ce qui lie les terres
aux vertiges de l'eau.

Les ponts du Japon
aux pattes d'échassiers
si frêles et si forts !

LE MONT OYAMA

Nous avons fait nos ablutions
dans la rivière
et arborons de simples bandes
de papier.

Nombreuses sont les barques
et nombreux les pèlerins fervents
en route pour le mont Oyama.

Vers le ciel si grand
fragiles gages de santé
les petits papiers

61

LE PIN DES AMANTS

Pin des amants
un bateau à l'affût
sous le ciel bluté d'étoiles.

Pourra-t-il se libérer
et la rejoindre
celui qu'elle attend ?

Vivement revoir son sourire
vivement reboire à ses baisers.

Le Pin du succès :
pas de meilleur ciel de lit
pour les deux amants

L'HOTOTOGISU

Hototogisu
bec ouvert
buveur d'orages
oiseau de l'amour
à l'oriflamme du désir
dans l'attente
de la jouissance
du plaisir de mourir
un peu

Juste un oiseau
pour rappeler l'amour fou
d'une courtisane

63

MOMENT DE GRÂCE

Droit sur son radeau
parmi les mimosas en fleurs
le voilà heureux :
il a quitté son amie
assommée par les joies du lit.

*Fleurs en éventail
ornements des kimonos
et de l'Art Nouveau*

64

IRIS

Ô désirables
délectables
impudiques
érotiques
iris.

Un jardin d'iris
pour dire la beauté des femmes
quel plus bel écrin ?

65

LE PONT EN GLOIRE

Derrière son rideau
de glycines
le pont de Tenjin keidai :
un arc-en-ciel
un soleil levant.

Sur le pont-tambour
pour voir pleurer les glycines
s'arrêter un peu

66

SUR LA TERRASSE

Des vagues d'herbe
avec des pins comme mâts de navires
c'est la leçon de la terrasse
pour qui veut voyager.

Est-ce la voie de l'excellence ?

Trois pauvres étages
et cinq cents saints bouddhiques
pour un bon karma

LE BALLET DES HÉRONS

Quand l'artiste aura opposé
le ciel rouge à l'eau bleue
et apposé les pins verts
le village et la barque jaune
émergeant de la brume,
alors resplendira
du cœur même du papier blanc
le ballet des hérons.

Dans les roselières
blanches apparitions
des graciles aigrettes

ILLUSION

En mariant les fleurs de l'azalée
à celles du cerisier qui jamais
ne se croisent
l'artiste fait mieux que les dieux
alors profitons du spectacle
du sommet d'un Fuji de dix mètres.

Maître des floraisons
il peint le jardin rêvé
Hiroshige

69

PLANCHES À FUKAGAWA

Planches qui flottent
planches alignées
planches dressées
c'est fête des planches
un jour d'été
à Fukagawa

Telle la flèche
la véranda des archers
traverse l'estampe

À L'EMBOUCHURE DU FLEUVE

Tout circule sur le fleuve :
les passagers du quotidien
le bois fraîchement coupé
le trésor du sel qui rutile sous la paille.

Et quand la baie d'Edo
s'ouvre sur le large
aux navires en partance
c'est pour quelques-uns l'espoir
d'une nouvelle vie.

Canal ou rivière
pourvu qu'avance la barque
qu'importe l'eau

71

MOMENT DE PÊCHE

Le pêcheur a lancé son filet dans l'eau
quand deux hérons fondaient sur leurs
proies
dans l'indifférence des roseaux
et des pins.

À cet instant
les carpes nageaient tranquilles
comme sont tranquilles les hommes
qui ignorent que la mort est
peut-être
imminente.

Sur la Tonegawa
le linceul des poissons
fait dans la dentelle

MAÎTRISE

D'une main sûre
je commande à la barre
et les eaux se soumettent
à mon désir.

Posséder une telle assurance
ne me rendra pas riche
mais je suis maître de ma vie
ici à l'entrée de la baie.

Deux divinités
protègent les eaux d'Haneda
Benten et le passeur

APOTHÉOSE DE L'ÉTÉ

Flottent au vent les poèmes
accrochés aux perches de bambou.
S'envolent les vœux de prospérité
pour les commerçants et leurs clients.

L'automne est à nos portes
avec les promesses de bonne pêche
et l'espérance d'une nuit d'ivresse.

Toute la ville est en liesse
de nos maisons au palais du shogun

même le mont Fuji consent.

Pour aider à vivre
des fleurs, des vœux, des poèmes,
et le mont Fuji

74

LA PROCESSION DES CHARPENTIERS

Nous sommes les joyeux charpentiers
qui façonnons le squelette des maisons
nous défilons gaiement
après avoir festoyé.

Si nous continuons à avoir de l'ouvrage
sûr que nous pourrons nous offrir
à nous et à nos épouses quelques soieries
de la maison Daimaru témoin
de notre ébriété.

Sobres sur les toits
les charpentiers en goguette
sont saouls dans la rue !

TISSUS AU VENT

Les tissus ondoient
au fil du vent
comme poissons
dans les rivières.

Ils s'écartent avec respect
devant l'entrée du palais.
Tout est en ordre :
le mont-volcan sur terre
et un oiseau au ciel.

Séchés face au Fuji
les tissus à kimonos
plus beaux encore

76

PONT KYOBASHI

sous la lune pleine
une procession s'étire
sur le pont Kyobashi
en direction des bambous
image d'éternité

Poésie des ponts
sur la Kyobashi
comme sur la Tamise

LES MOUETTES

Te souviens-tu du jour où
entre les mâts des navires
qui avaient mouillé l'ancre
les petites barques s'activaient ?
Nous mangions serrés l'un contre l'autre
tandis que dans le ciel criaient les mouettes.

Le canal triste
menant à la baie d'Edo
parle d'espérance

JOUR DE PÊCHE

Le nouveau temple est là
pour nous tenir en éveil.

N'oublions jamais ce prodige
qu'est la vie
et remercions le poisson
qui poursuivra la sienne en nous.

La pêche est aussi une prière.

Le temple, toujours proche
pour rappeler aux humains
leur humble destin

VISITE

Ils ont mis leurs plus beaux habits
et quitté leur village
pour visiter la capitale
car il faut profiter un peu de la vie
qui est si brève.

Escortés d'un guide
et suivis par des moines
ils ne peuvent faire autrement
qu'entrer dans les temples.

Mais ce devoir rempli ils espèrent bien
d'autres réjouissances.

Moines-mendiants
ou pèlerins-paysans
une seule divinité

80

PROCESSION

Les pèlerins ont mis leur pas
dans le sillage de leurs lointains ancêtres
pour rendre hommage
à maître Nichiren.

Au-dessus de la carapace des ombrelles
les fleurs de lotus
symboles des lois de la vie
boutonnent et dansent au gré du vent
sur des hampes de bambou.

Les chants martelés
au rythme des sandales
précèdent le silence
du temple qui les attend
sur le chemin de l'illumination.

Sur les bannières
entre ciel et eau
flotte l'espérance

81

DANS LE QUARTIER DES BŒUFS

Le gonflement des voiles dans la baie
les arceaux des tranches de pastèque
abandonnées sur le quai
la roue du char qui rivalise
avec l'arc-en-ciel :
tout dans ce monde évoque la joie
de la courbure pense le poète.

Il admire le spectacle vu de sa fenêtre
et caresse la hanche de son aimée.

Qui pense encore
face à la roue et au timon
au calvaire des bœufs ?

82

SOUS LA LUNE

Après le souper le saké la musique
il est temps de se livrer
à d'autres félicités

la lune pourra témoigner.

Plaisirs secrets
dans la maison de thé
la lune pour témoin

HALTE CHEZ LA DÉESSE BENTEN

Pour retrouver la paix de l'âme
quitte les quartiers bruyants
franchis le pont sur la rivière Meguro.

Un torii t'accueille à un modeste
sanctuaire
et si tu es convaincant dans ton invocation
la déesse exaucera
tes vœux.

S'il ne se passe rien pour toi
alors ce seront les poissons et les oiseaux
qui auront bénéficié de tes prières.

Au soleil couchant
tu repartiras
dès lors apaisé.

Shinagawa
ouvre la voie du Tokaido
entre joie et peine

84

DÉPART POUR LE FUJI

Une journée d'automne pâle
viendra le temps d'entreprendre
le pèlerinage au mont Fuji.

Je pointerai mon regard vers l'Ouest
pour mesurer la provision des jours
qu'il me faudra engranger.

Si j'atteinds le cratère sacré
ma vie aura été remplie.

En attendant je bois du thé.

*Que serait la route
sans le fidèle Fuji
et les maisons de thé ?*

PASSAGE DE SAMOURAÏS

Pieds nus dans leurs sandales
grimace martiale ajustée
deux sabres sur le côté
voici les samouraïs.

Ah si maître Hiroshige avait osé
il se serait représenté
deux pinceaux à la main
au milieu de ce défilé !

Samouraïs ou autres
tous les guerriers se ressemblent
en défilant

86

SUR LA ROUTE DU KISOKAIDO

Sur la route du Kisokaido
les chevaux
exactement
comme les dames accortes du quartier
en sabots tressés et
en chignon bien ajusté
dans la bonne senteur du crottin.

Les prostituées
une chance pour les chevaux
comme pour les hommes !

87

SÉRÉNITÉ

Hérons sur l'étang
dévots se rendant au temple
la sérénité.

L'eau principe de vie
à l'étang aux sept sources
protégée par Benten

OJI LE PARADIS

Cascade
joie d'une ablution

pont de bois
promesse d'un thé chaud

érables
infusion d'automne

torii
approche du silence

colline de pins
bonheur du peintre

Oji
le paradis n'est pas loin.

Les pèlerins
venus pour le sanctuaire
ou pour les érables ?

89

AMITIÉ

La lune a mis des années
à dialoguer avec le pin.

Aujourd'hui on fait ami-ami
après une simple poignée de mains.

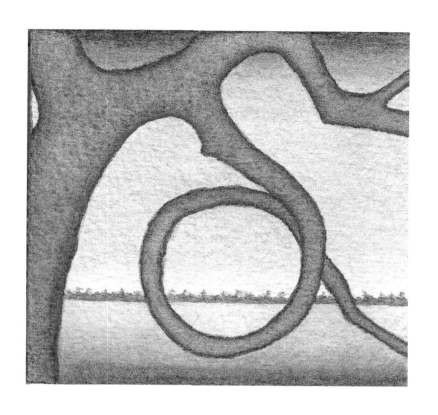

Déjà l'œil photographe
avec le Pin de la lune
les Japonais

THÉÂTRE AU CLAIR DE LUNE

À Edo il y a une rue
des théâtres
mais le théâtre est aussi
dans la rue
chacun jouant son rôle
avec son ombre
sous la lumière
de la lune

Rue des théâtres
dans la rue comme sur scène
les marionnettes

VISION D'AUTOMNE

Sous l'érable rouge
deux promeneurs
ont aperçu un moine
en train de dessiner.

Eux seuls pourront raconter
le soir venu
devant un verre de saké
s'il s'agissait
de maître Hiroshige.

À Akiba
flammes rouges des érables
contre flammes du feu

92

LE RESTAURANT

Un des petits bonheurs de la vie :
se rendre au restaurant Uehan
juste entre amies
un jour d'automne.

Légumes et poissons
dans la baie d'Uchigawa
un temple aussi

93

LE PÊCHEUR

Les gens s'agitent
venant de tous côtés
moi je me contente
de demeurer sous les pins
ma ligne à la main.

Pour le transbordeur
dernière traversée
avant le repos ?

PRÈS DE L'EDOGAWA

Joies et douleurs sont inscrites
dans la trame des temps.

La rivière en emporte la trace
Le temple avive la mémoire.

L'érable est là
un pin lui succédera.

À Mama
qui voit encore le temple
à l'automne des érables ?

95

AU BORD DE LA FALAISE

Le Fuji est à l'ancre

les navires se pressent
toutes voiles bombées

et aux premières loges
le pin trop curieux
sur le point de tomber.

Clair matin d'automne
qui la croirait défensive
la falaise aux pins ?

CHASSE AU FILET

Au bout du rivage
ils n'ont pas vu le filet
les pauvres oiseaux
adieu
pépiements de joie
soleils levants
mont Fuji.

Pêcheurs et chasseurs
à Horie et Nekozane
sous l'œil du Fuji

HONNEUR AUX ANCIENS

Hiroshige n'a pas oublié d'honorer
le vieux pin soutenu par des béquilles
ni son maître Hokusai.

Hiroshige est un sentimental.

Tel un vieil homme
il s'appuie sur des bâtons
le pin séculaire

FEU D'ARTIFICE

Foule sur le pont
(entends-tu les rumeurs ?)
clapotis des bateaux
le long de la rivière
arc de la fusée
(qui siffle comme un serpent)
éjaculation d'étoiles dans le ciel
avec de secs crépitements :
soirée triomphale dans la ville.

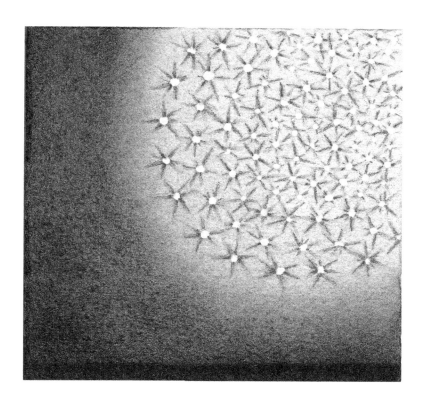

Sur la Sumida
l'eau et le feu réunis :
noces magiques

99

NEIGE

Chacun
dans
ses
pensées
à l'épicentre
du
silence.

Le pèlerin
du temple ou de la lanterne
que voit-il d'abord ?

100

LES ENGOULEVENTS DE YOSHIWARA

Au bout de la digue
sur leur natte de paille
les pauvres engoulevents
mourront à vingt ans
ils envient les oies sauvages
qui s'élancent vers la lune.

La nuit complice
vers le quartier des plaisirs
guide les passants

LE JOUR DU COQ

C'est le jour du coq
la patte d'ours est à la fête
au sol et dans les prés.

Le chat n'en a cure
il a tourné le dos
aux ébats tarifés.

Ce qui se passe derrière
la fenêtre éclairée
de la maison d'en face
est plus intéressant.

Le chat du bordel
comme la courtisane
aimerait s'évader

GRUES AIMÉES

Têtes écarlates et plumes de papier
elle naissent des rizières
et se jouent des années.

Comme arbre figé ou figure de danse
la chance est pour toi
si tu les as croisées.

Éventail céleste
une grue de Mandchourie
vole vers la mort

LE PONT

Ces jours anciens
quand il ne restait plus qu'un pont
à traverser pour se rejoindre.

Le temps a navigué :
moissonnés les plaisirs
engrangée la souvenance.

Le pont est toujours là
chacun des deux y pense
de son côté.

Grand pont de Senju
le traverser vers le nord
c'est quitter Edo

JOUR ORDINAIRE

Les aulnes s'étirent
les ponts courbent l'échine
les oiseaux s'en vont.

Jour ordinaire
chacun vit dans son monde
le long du canal.

Le long du canal
arbres nus et manteaux chauds
l'hiver approche

OISEAUX DE NUIT

Sous un pont
au coin d'une rue
dans un bosquet
n'importe où
passent et repassent
les oiseaux de nuit
clapotis de l'eau
va et vient des haleurs
reins meurtris
bouches amères

Les Oiseaux de nuit
pour cacher leur noir destin
des masques blancs

106

MATIN DE NEIGE

Dans le silence glacé
seul le soleil de l'ombrelle
pour se réchauffer

Madriers de bois
poésie géométrique
sous l'habit de neige

NEIGE DANS LA BAIE

Dans le regard de l'aigle
la promesse de la proie.

Dans l'estampe d' Hiroshige
celle de l'éternité.

Pour l'aigle tueur
le paysage tout entier
est scène de chasse

108

SOUVENIRS D'ÉTÉ

Mouettes
dans la baie

les souvenirs d'étés
du temps des amours clandestines.

Chenal maritime
entre menace d'invasion
et rêve d'évasion

109

LE PREMIER PAIN

Joie et angoisse
à Shinagawa.

Face aux plants d'algues
Ayumi pétrit son pain
pour la première fois.

Lèvera-t-il ?
Lèvera-t-il pas ?

Les vertes nori
calligraphies dans la baie
avant les sushis

CEUX QUI T'ONT PRÉCÉDÉ

Quand tu longes le lac Senkozu
qui frémit au froissement d'ailes
des grues
tu n'oublies jamais promeneur
que des siècles avant toi
pèlerins moines marchands
sont passés sur ce chemin.
Le sang roulait alors dans leurs veines
et faisait battre leur cœur.

Pin porte-manteau
pour moine voyageur
arbre vénéré

111

NUIT DE NEIGE

Du blanc sur la nuit
juste le pont à franchir
pour se retrouver
devant une bonne assiette
de soupe aux haricots doux.

Aux pèlerins
une soupe de haricots
pour affronter la neige

112

JOUR DE NEIGE

Arbres figés
passants pressés
moineaux étonnés
si tu as l'oreille fine
tu entendras
la neige tomber.

Sur la route du temple
rien n'arrête le pèlerin
pas même la neige

113

POSTURES

Zébrure d'oiseaux
sous la lune ascendante
le chat en zazen

Même par nuit de neige
vêtus de leur seule noblesse
les chats des rues

LA COMPLAINTE DU PETIT PORTEUR

La neige est un grand peintre
sa palette est légère
mais sur mes épaules
la charge est la même
mes pieds s'enfoncent dans le froid
et mes mains sont glacées
rien pour me réchauffer le cœur
pas même le sourire d'une femme vénale.

Par temps de neige
le commerce continue
de femmes et de viandes

LA CIBLE

Quand tu ajusteras la flèche
et tendras la corde de ton arc
à son point extrême
tâche d'atteindre l'équilibre
entre foi et désir.
Deviens l'arc
et si tu veux atteindre la cible
songe au mont Fuji.

Flèche et cheval
attributs du samouraï
à jamais unis

REMERCIEMENTS

Tout est vie :
remercie l'eau sans laquelle
il n'y aurait pas d' Edo
remercie la rizière qui nous nourrit
remercie nos maisons
fourmillant d'enfants
et le pont avec ses jambes
comme s'il marchait
remercie ce moment-là
où la brume plane encore
quand nous pouvons bouger
avant d'être morts.

Le pont Omokage
après le passage du shogun
est-il plus grand ?

117

LES PRUNIERS

Oses-tu rêver
dans la ville sous la neige
aux pruniers en fleurs ?

Un jour de neige
temple ou maison de thé
quel refuge choisir ?

118

LA NUIT DES RENARDS

Flammes autour
du grand micocoulier
et grains de riz
dans le ciel glacé
c'est la jointure des années
quand l'espoir couve
dans les cœurs.

Dans le bleu de nuit
des renards feux follets
prédisent la récolte

LA VILLE SOUS LA PLUIE

Le bruit de l'eau
qui crépite
sur le papier
des parapluies
les journées grises
sous l'abri
dernière image du bonheur
à Edo.

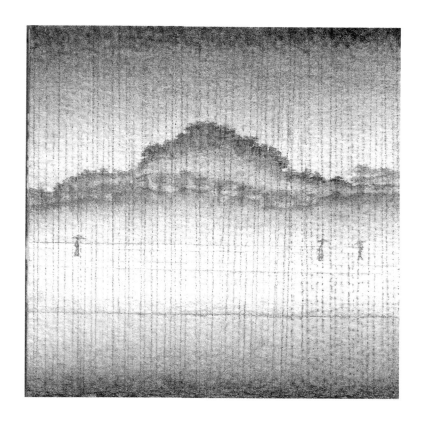

Le paysage
derrière le rideau de pluie
plus beau encore

La présente édition de l'ouvrage
Hiroshige, 119 éclats d'Edo
de Jacques Ibanès, Catherine Hilaire et Mireille Rudelle
a été achevée d'imprimer
dans les premiers jours de novembre 2023,
au milieu des giboulées et des premiers frimas,
pour le compte de Germes de barbarie,
éditeur au Fleix en Dordogne.

Ce portrait d'Hiroshige est le seul dessin de ce livre qui n'a pas été réalisé par Mireille Rudelle.

Printed in Great Britain
by Amazon

31743565R00148